El Universo Te Susurra

Antes de preguntar, permite que las frecuencias de Senda Ámbar limpien tu energía y sintonicen tu intuición. Escanea este código para acceder a la Activación Ámbar y deja que el sonido prepare el camino para los mensajes que el Universo tiene para ti.

Sintoniza tu vibración. Escucha el susurro.

Un Ritual de Sincronicidad

Este libro no es una simple lectura; es un portal activo. Ha sido diseñado para que la **Fuente Divina** y tus **Guías Interiores** puedan comunicarse contigo a través de la Ley de la Sincronicidad. Tu mensaje perfecto ya existe y está esperando ser revelado.

La clave reside en tu intención y en la certeza de que **el azar es solo el plan del Universo manifestándose**.

1. La Preparación (Anclando tu Energía)

Antes de abrir el libro, es vital que prepares tu campo energético:

- **Centra tu Intención:** ¿Qué certeza buscas hoy? ¿Qué paso debes dar? Formula tu pregunta o intención en silencio o en voz alta.
- **Abre el Corazón:** Cierra los ojos. Coloca una mano sobre tu corazón y toma tres respiraciones profundas. Siente la gratitud por la guía que estás a punto de recibir.

2. El Ritual de Hojear (Armando el Mensaje)

El libro se compone de tres secciones sagradas y continuas, diferenciadas únicamente por su color de alta vibración. Para armar tu mensaje diario, deberás hojear al azar cada una de estas secciones:

- Comienza por el **Conector Celestial**, que se encuentra en la sección de **Fondo Azul Celeste**. Esta frase inicial tiene la función energética de **abrir tu intención al universo**. Fija tu dedo en la frase que apareció.
- A continuación, gira el libro al azar y abre la sección del **Núcleo de la Sabiduría**, marcada por el **Fondo Verde Menta**. Esta parte es la revelación, pues **revela la certeza o verdad esencial** que tu alma necesita. Fija tu dedo en la frase.
- Finalmente, repite el proceso y abre el **Mandato Armónico**, ubicado en la sección de **Fondo Velo de Durazno**. Esta tercera parte es tu guía práctica y tiene la función de **indicar la acción de alta vibración que debes tomar**.

3. La Revelación (Honrando la Guía)

Ahora, lee la frase completa que has compuesto uniendo las tres partes. Confía en la sincronicidad, ya que el mensaje es la respuesta exacta que tu alma necesitaba escuchar hoy. Medita en su significado y permite que te guíe en tu siguiente paso evolutivo.

El Universo te recuerda
que

Siente la certeza de que

Tus Guías te susurran
que

Hoy se te revela que

Permítete entender que

El Campo Energético te dice que

Mi mensaje angélico es
que

Recuerda en este
momento que

Tu alma sabe que

El Cosmos honra el
hecho de que

La sabiduría interior
afirma que

Observa con amor la
forma en que

El Ángel del Silencio te muestra que

Es momento de
reconocer que

La Fuente Divina te confirma que

Escucha el eco que te
dice que

La Ley del Espejo te muestra que

El amor incondicional te revela que

Abre tu conciencia a la verdad de que

Confía plenamente en
que

El Espíritu te ilumina y muestra que

Entiende con claridad
que

Hoy te invito a sentir
que

Tus Ancestros te recuerdan que

Sé consciente del hecho de que

Los Seres de Luz te envían el don de que

El Portal Abierto te confirma que

La Luna te enseña que

Es tu momento de
aceptar que

El Propósito Mayor te dice que

Recibe esta verdad:

El Rayo Dorado te confirma que

La energía crística te recuerda que

Conecta con la esencia de que

El Arcángel Miguel te dice que

El Dharma Universal te muestra que

Percibe la señal de que

La Ley de la Atracción te enseña que

Tu protección angélica
te garantiza que

Abre tu alma a la posibilidad de que

El Centro Cósmico te indica que

Hoy celebra el hecho de
que

El Ángel de la Risa te invita a ver que

Siente en tu corazón que

La vibración más alta te
ofrece que

Tu guía interna te muestra que

Recuerda que tu misión
es saber que

Los Registros Akáshicos confirman que

Sé paciente al entender
que

El Maestro Interior te dice que

Los Maestros Ascendidos insisten en que

El Rayo Púrpura te susurra que

La energía cristalina te pide ver que

El Gran Sol Central te recuerda que

Es vital que recuerdes
que

El Portal Estelar te anuncia que

Permítete saber que

La Ley del Ritmo te enseña que

El Ángel de la Guarda te indica que

Recibe la señal de que

Tu Yo Superior te señala que

El Campo de Morfogénesis te revela que

tu verdadera fuerza
reside en el perdón,

el camino se ilumina
cuando te aquietas,

cada herida es una
puerta hacia tu
propósito,

la abundancia fluye
desde tu corazón,

eres un faro de luz en
medio de la duda,

toda resistencia es una
lección no aprendida,

la transformación llega
con la gratitud,

tienes el poder de anclar
tu visión en la Tierra,

la compasión es la llave
que abre portales,

eres digno de recibir lo
mejor del cosmos,

cada obstáculo es una
oportunidad de crecer,

tu vibración atrae tus
experiencias,

encuentras respuestas en
el espacio vacío,

tu intuición es la voz de
lo sagrado,

el miedo es solo una
ilusión pasajera,

tu presencia es el regalo
más grande,

todo lo que buscas ya
reside en ti,

tu sanación empieza con
la autoaceptación,

la belleza habita en la
simpleza,

el ciclo que se cierra abre
una nueva era,

existe magia en lo
cotidiano,

tu paz no depende de
factores externos,

la gratitud es el puente
hacia el milagro,

el linaje que te sostiene
es sagrado,

el tiempo es una
percepción elástica,

la felicidad es una
decisión diaria,

tu destino se escribe con
cada elección,

la sombra es tan
necesaria como la luz,

la vulnerabilidad es tu
máxima fortaleza,

el servicio con humildad
trae pasión,

el universo siempre te
respalda,

tu mente es un jardín de
pensamientos,

la inocencia es tu estado natural,

cada final anuncia un
nuevo comienzo,

eres invencible ante la
oscuridad,

tu mayor maestro es tu
propia experiencia,

la sanación empieza en el cuerpo físico,

la claridad te acerca a tu
deseo,

el dejar de preocuparte
abre el flujo,

la magia sucede fuera de
tu zona de confort,

tu voz es esencial para el
equilibrio,

cada error es solo una
redirección,

la liberación llega con la
alegría,

la verdadera riqueza está
en el presente,

la fe es tu superpoder,

el control sobre los
resultados es una
ilusión,

el amor no espera nada a cambio,

tu alma ya conoce el
mapa,

todo florece en el tiempo
perfecto,

eres suficiente tal como
eres,

la quietud revela el
próximo paso evolutivo,

tu mente es un espejo de
calma profunda,

tu corazón es la brújula
en la tempestad,

toda sombra es solo luz
mal dirigida,

la verdadera libertad está
en la aceptación,

estás a punto de un salto
cuántico,

el juicio es la separación
del alma,

la vida es una danza de
dar y recibir,

la solución ya está
inscrita en tu ADN,

el descanso es tan
productivo como la
acción,

la autenticidad es tu
máxima expresión,

la intención pura
moldea tu realidad,

suelta el miedo ahora
mismo.

permite que la paz sea tu
única verdad.

acepta la bendición de
este instante.

atrévete a manifestar tu
sueño más alto.

confía en el proceso
divino que te guía.

vive desde la certeza de
tu yo superior.

elige el amor como tu
respuesta universal.

honra tu cuerpo como
un templo sagrado.

da el primer paso con
ligereza.

permite que todo fluya
sin forzar nada.

respira profundo y
centra tu energía.

abre tu corazón a lo
inesperado.

silencia tu mente y
escucha la verdad.

actúa alineado con tu
más alta intención.

libera la carga del
pasado.

siembra hoy la semilla de
la alegría.

irradia calma a quienes
te rodean.

deja atrás el juicio y la
culpa.

conecta con la tierra y el presente.

recibe la energía de la renovación.

agradece cada pequeña
manifestación.

protégete con un escudo
de luz violeta.

fluye con el ritmo
natural de la vida.

mira con bondad tu
propia historia.

enfoca tu energía en el
aquí y el ahora.

elige la alegría en cada
respiración.

sé la calma que el
mundo necesita.

siéntete libre de ser
auténtico.

habla tu verdad con
amor.

establece límites
sagrados en tu espacio.

confía en el siguiente
paso.

activa tu poder de
manifestación.

encuentra la belleza en el
caos.

desapégate de lo que ya
fue.

avanza sin dudar de tu camino.

perdona a quien necesita
tu luz.

nutre tu templo con
conciencia plena.

mantén el enfoque en lo
que quieres crear.

enfoca tu mente en la gratitud.

rompe las cadenas de la limitación.

comparte tu visión sin
miedo.

bendice tus pasos y
sigue.

sonríe a tu reflejo ahora.

deshazte de lo que ya no
te sirve.

visualiza la realidad que
mereces.

recibe la ayuda que se te
ofrece.

irradia tu luz sin
reservas.

sigue el ritmo de tu
corazón.

no te apresures en el
proceso.

permítete descansar y
recargar energías.

disuelve cualquier
expectativa del futuro.

libera la necesidad de
tener la razón.

confía en tu resiliencia
infinita.

convierte el dolor en
sabiduría.

observa tus
pensamientos sin apego.

prepárate para un
cambio de paradigma.

abre tus brazos a la
diversidad.

honra tu compromiso
con el presente.

mira con los ojos del
amor divino.

permítete soltar y
simplemente ser.

deshazte de todas las
máscaras.

enfoca tu energía en el servicio.

Epílogo: La Luz Está Anclada

El Viaje Continuado

Has llegado al final de esta guía, pero tu viaje de conexión y manifestación apenas comienza. Cada mensaje que has recibido no es una predicción, sino una **sincronicidad**; una confirmación de que tu alma ya conocía la respuesta, y simplemente necesitabas un canal para recordarla.

Recuerda siempre que el oráculo es un espejo. Si la frase te resultó desafiante, es una señal de que hay una resistencia que necesita ser amada y liberada. Si te trajo paz, es una validación de que estás alineado(a) con tu Propósito Mayor.

El Mandato del Corazón

Ahora, lleva la sabiduría del **Conector Celestial**, el **Núcleo de la Sabiduría** y el **Mandato Armónico** a tu vida diaria.

- **Siente la Certeza**: El Universo no te susurra; te grita con amor. Confía en la guía que has recibido.
- **Sé la Acción**: La manifestación no ocurre en la inacción. Da el primer paso con ligereza y fe, sabiendo que el Campo Energético te respalda.
- **Vive en Gratitud**: La frecuencia más alta que puedes emitir es el agradecimiento. Honra este regalo y permite que la abundancia fluya sin cesar.

Tu luz es esencial. Eres un fragmento perfecto de la Fuente, y tu misión es brillar sin pedir permiso.

Namasté.

www.ingramcontent.com/pod-product-compliance
Lightning Source LLC
LaVergne TN
LVHW010901110826
845149LV00005B/1440

9786072985988